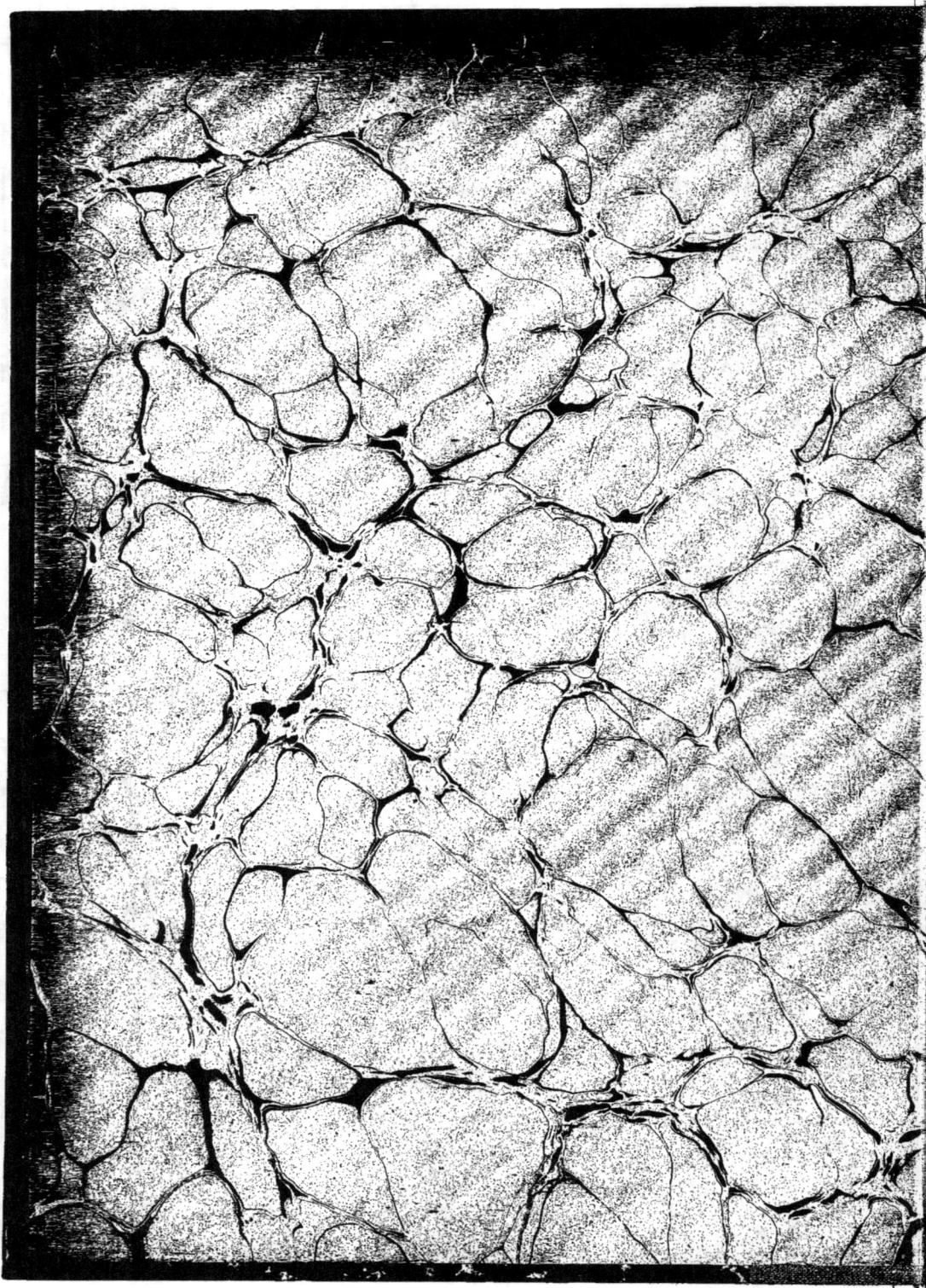

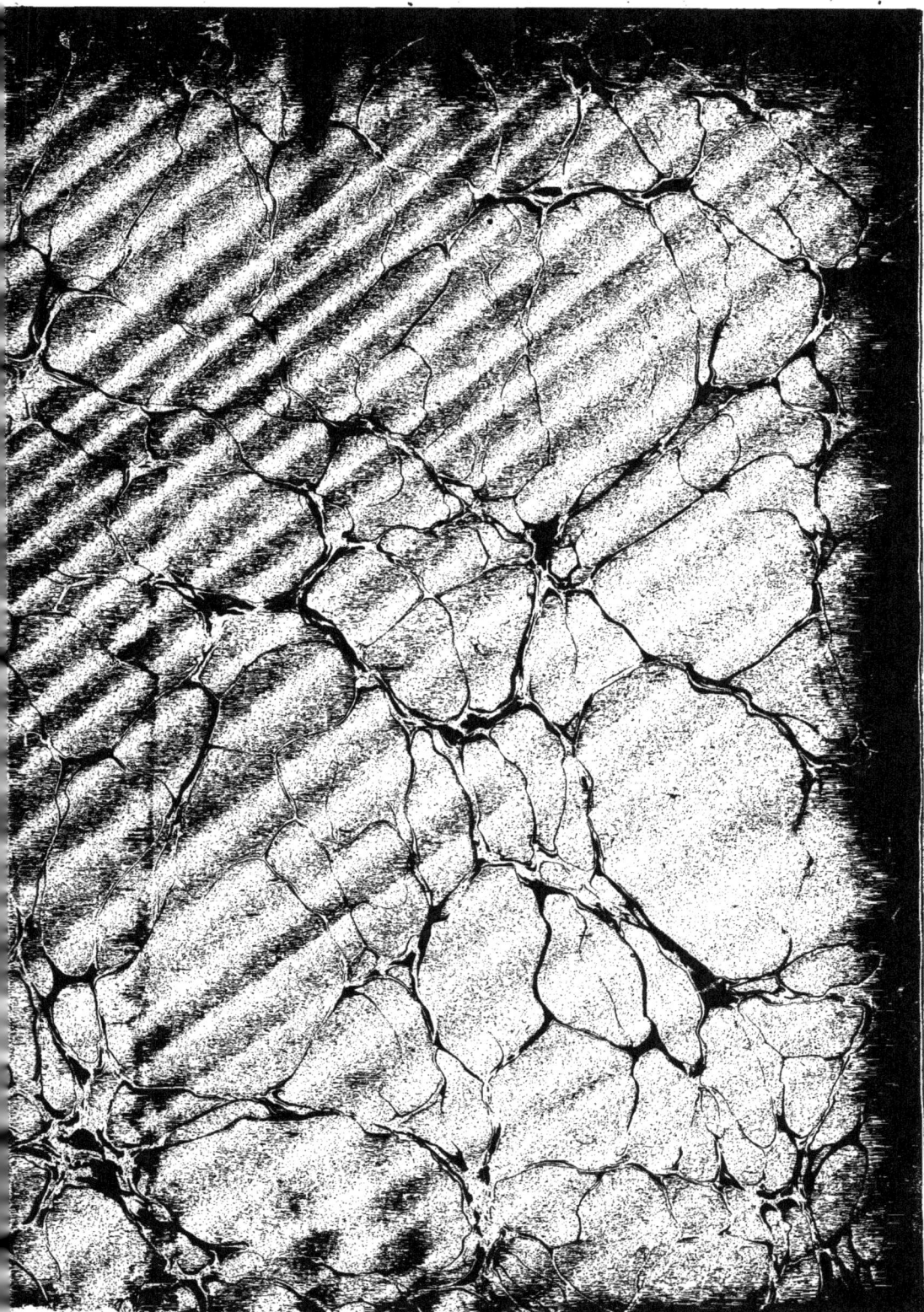

LIVRE D'OR

DE

L'UNION FRATERNELLE ET PATRIOTIQUE

DES COMBATTANTS DE 1870-71

DE LA VILLE DE ROANNE

FONDÉE LE 7 AOUT 1887

ROANNE

IMPRIMERIE TYPOGRAPHIQUE, M. SOUCHIER

—

1895

LIVRE D'OR DE L'UNION FRATERNELLE ET PATRIOTIQUE

DES COMBATTANTS DE 1870-71

DE LA VILLE DE ROANNE

AUX
COMBATTANTS
DE
1870-1871

LIVRE D'OR

DE

L'UNION FRATERNELLE ET PATRIOTIQUE

DES COMBATTANTS DE 1870-71

DE LA VILLE DE ROANNE

FONDÉE LE 7 AOUT 1887

ROANNE

IMPRIMERIE TYPOGRAPHIQUE, M. SOUCHIER

—

1895

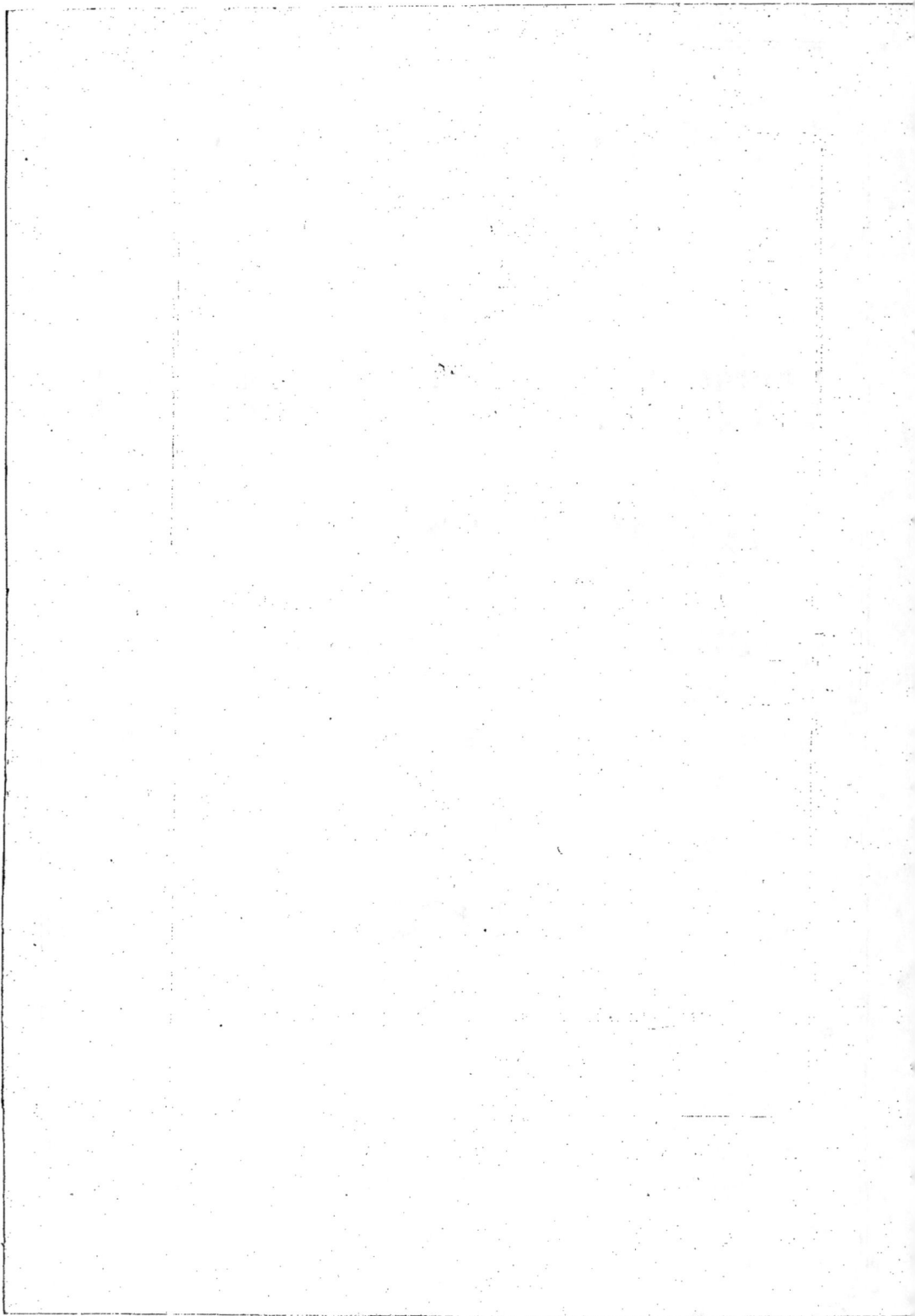

LIVRE D'OR
DE L'UNION FRATERNELLE ET PATRIOTIQUE
DES COMBATTANTS DE 1870-71
DE LA VILLE DE ROANNE
FONDÉE LE 7 AOUT 1887

ADMINISTRATION

Président........ **BERTHIER Emmanuel**, café, rue de Charlieu, 9.

Vice-président .... **JOUHANNET Antoine**, négociant, rue Arago, 37.

Vice-président .... **LONGEFAY Claudius**, propriétaire, place de la Bascule.

Secrétaire........ **COMTE Jean-Baptiste**, distillateur, place de la Voirie, 5.

Secrétaire-adjoint. **LAVEST Julien**, employé à la Banque de France, boulevard de la Livatte.

Trésorier .... **VERGIAT Claude**, employé à la Société Générale, rue de la Sous-Préfecture, 22.

Trésorier-adjoint . **PELOUX Charles**, tisseur, rue des Thermes-Romains, 13.

CONSEIL

BENATEN Antoine, maître d'hôtel, place de la Voirie.

ROCHE Pierre, tisseur, rue Arago, 35.

PETITBOUT Claude, charpentier, au Coteau.

BURRELIER Jean, charpentier, rue Bel-Air, 17.

CÉRON François, peintre-plâtrier, rue de la Bascule.

AUDARD François, café, rue Nationale.

BRANDON Jean, tisseur, au Coteau.

BUFFARD François, tisseur, rue Arago, 29.

PORTE-DRAPEAU

ROCHE Antoine, représentant de commerce, rue Mulsant, 8.

COMMISSION DE CONTROLE

TROCHARD Martin, président, brigadier-facteur, rue Sainte-Elisabeth.

NARBOUT Louis, peintre-plâtrier, quai du Bassin.

MERLE Louis, charcutier, place du Marché.

MARCEL Claude, boulanger, rue Mulsant, 22.

DAVID Claude, ébéniste, rue Mably, 16.

COMMISSION DE L'ÉRECTION DU MONUMENT COMMÉMORATIF

DES COMBATTANTS DE 1870-71

TATOUD Jean, président, négociant, rue du Collège, 22.

LONGEFAY Claudius, trésorier, propriétaire, place de la Bascule, 8.

CÉRON François, peintre-plâtrier, rue de la Bascule.

BENATEN Antoine, hôtel, place de la Voirie, 1.

AUDARD François, café, rue Nationale.

VERGIAT Claude, employé à la Société Générale, rue de la Sous-Préfecture, 22.

MEMBRES HONORAIRES

MM. Brossard, sénateur, Pouilly-sous-Charlieu (Loire).

Audiffred, député, Saint-Pierre-la-Noaille (Loire).

Joly, sous-préfet, rue de la Sous-Préfecture.

Marula, capitaine en retraite, rue Saint-Etienne.

Jotillon, avocat, place d'Armes.

Marula, docteur, rue Saint-Etienne.

Brunet-Larue, maître-charpentier, rue Marengo.

David, boucher, rue Mably.

Bertrand, docteur, rue du Lycée.

Jacob, maître-teinturier, rue Nationale.

Auloge, avocat, rue du Lycée.

Moissonnier, café, petite rue de la Loire.

Ayel, entrepreneur, au Coteau.

Gouttenoir, blanchisseur, quai de la Loire.

Vernay, maître-teinturier, rue des Tanneries.

Grosse, négociant, rue de Clermont.

Bierce, négociant, rue du Collège.

Colombat, liquoriste, rue Beaulieu.

Roustan, imprimeur, rue Fontalon.

Epinat, maître-teinturier, rue des Tanneries.

Dauvergne, négociant, rue des Tanneries.

Raffin Paul, rentier, rue du Rivage.

Dubois, liquoriste, rue de Paris.

Deville, tisseur, rue des Cerisiers.

Desbenoit jeune, maître-tanneur, boulevard du Midi.

Verrière, avoué, place Saint-Etienne.

Morlot, négociant, rue des Minimes.

Michaud, architecte, rue de Charlieu.

Bandiera, sculpteur, rue de Paris.

Bonneton, liquoriste, place de la Voirie.

Proust, représentant de commerce à Moulins (Allier).

Janin, buffet de la gare.

Rivollier, liquoriste, cours de la République.

Souchier, directeur du *Journal de Roanne*, rue de Sully.

Paszkowicz, architecte, rue de Charlieu.

Faisant, négociant, rue Brison.

Rochet, café, rue Nationale.

Charles, comptable, place du Marché.

SOUSCRIPTEURS DU MONUMENT DES COMBATTANTS DE 1870-71

VILLE DE ROANNE	3.000
MINISTÈRE DES BEAUX-ARTS	2.000
SOCIÉTÉ DES COMBATTANTS DE 1870-71, DE ROANNE	1.500
CONSEIL GÉNÉRAL DE LA LOIRE	1.000
M. AUBOYER, maire de Roanne	200
M. BROSSARD, sénateur	100
M. AUDIFFRED, député	100
M. GERBAY, député	100
M. NEYRAND, député	50
M. RAYMOND, sénateur	20
M. DE LA BERGE, sénateur	10
M. SOUHET, député	10
M. LE COMTE DE SUGNY, conseiller général	50
M. CHOLLET, conseiller général	20
M. DE VIRY, conseiller général	50
M. THIOLLIER, conseiller général	10
M. BOUCHETAL-LAROCHE, conseiller général	10
M. TARAVELLIER Régis, conseiller général	10
M. GARDAN, conseiller général	5
M. BARRET, conseiller général	5
SOCIÉTÉ DES FEMMES DE FRANCE	10
Mme BARGE, présidente	20
Mme DESMAREST, vice-présidente	20
Mme SAUVEGRAIN, secrétaire	15
Mlle Plassard, trésorière	5
Mme FAISANT, trésorière-adjointe	15
COMMUNE DE VILLEREST	100
— SAINT-SYMPHORIEN-DE-LAY	50
— CREMEAUX	50
— RENAISON	50
— COUTOUVRE	50

— 9 —

Commune de Montagny	50
— Néronde	50
— Neulize	50
— Lapacaudière	50
— Le Coteau	50
— Saint-Maurice-sur-Loire	50
— Lentigny	80
— Perreux	60
— Mably	40
— Vougy	45
— Pommiers	40
— Parigny	30
— Jarnosse	30
— Pouilly-sous-Charlieu	30
— Saint-Haon-le-Chatel	30
— Commelle-Vernay	30
— Saint-Haon-le-Vieux	30
— Saint-Vincent-de-Boisset	30
— Notre-Dame-de-Boisset	30
— Saint-Cyr-de-Favières	30
— Cordelles	25
— Vivans	25
— Boen	25
— Pouilly-les-Nonains	25
— La Talaudière	60
— Villers	20
— Régny	20
— Noirétable	20
— Saint-Julien-la-Vêtre	10
M. Raffin Paul, à Roanne	100
M. Alex, négociant à Roanne	100
M. le Comte de la Tour-du-Pin, à Saint-Germain-Lespinasse	100
M. de l'Etoile, à Renaison	100
M. Gauthier, à Nandax	100
M. Jotillon, avocat à Roanne	50
M. Verrière, avoué à Roanne	50
M. Vadon, banquier à Roanne	50

M. Paire Mathurin, à Roanne... 50 »

M. Désormière, café, à Roanne... 50 »

M. Bonnier, à Lapacaudière... 100 »

M. Peillon, à Lapacaudière... 100 »

M. le Marquis de Noailles... 40 »

M. Brunet-Larue, à Roanne .... 10 »

M. Maridet, à Saint-Martin-d'Estreaux .... 20 »

M. Bréchard, négociant à Roanne....................................... 25 »

M. Loir, ancien colonel en 1870-71................................... 25 »

M. Revon, à Roanne... 20 »

M. Bouiller, à Nandax.. 25 »

M. Merle, négociant à Thizy (Rhône)................................... 20 »

M. Champromis, négociant à Thizy (Rhône)............................. 20 »

M. Barlerin, représentant de commerce à Paris....................... 25 »

M. Dugoujard, notaire à Montagny...................................... 25 »

M. Desvernay, à Néronde.. 50 »

M. Bourganel, maire à Pommiers.. 20 »

M. Bréteau-Giraud, expert-géomètre à Roanne .... 10 »

M. Bochard, rue Brison, Roanne.. 20 »

M. Jeannez, à Roanne... 10 »

Mme Tachon, à Roanne... 10 »

M. Renard, hôtel, à Roanne... 10 »

M. Bussière, à Lyon.. 10 »

M. Vallet, à Montélimar... 10 »

Compagnie des Sapeurs-Pompiers de Roanne .... 100 »

Syndicat de l'Epicerie de Roanne .... 100 »

Société des Combattants de 1870-71 de Macon..................... 25 »

Compagnie des Sapeurs-Pompiers de Saint-Symphorien-de-Lay......... 20 »

Fanfare de Roanne.. 40 »

Lyre Roannaise .... 18 »

Société des Employés de Commerce de Roanne..................... 16 »

Union Roannaise.. 12 »

Union des Liquides de Roanne 16 50

Union des Jardiniers de Roanne.................................... 23 »

Union des Coiffeurs de Roanne.................................... 10 »

Anciens Sapeurs du Génie de Roanne.............................. 22 »

Anciens Zouaves de Roanne....................................... 22 »

Anciens Conscrits de la Classe 1862 .... 30 »

—   —   — 1866 .... 23 50

—   —   — 1868 .... 39 »

—   —   — 1882 .... 12 50

Plusieurs listes de souscriptions dans les divers quartiers de la ville de
Roanne formant un total d'environ.............................. 6.000 »

Listes de souscriptions des communes de l'arrondissement de Roanne,
environ... 2.000 »

MEMBRES PARTICIPANTS

1	BERTHIER Emmanuel, rue de Charlieu, 9.
2	JOUHANNET Antoine, rue Arago, 37.
4	LONGEFAY Claudius, place de la Bascule, 8.
8	BURRELIER Jean, rue Bel-Air, 17.
12	BERNARD Claude, rue Fontalon, 7,
20	PÉTILLAT Benoit, rue des Lézards.
21	BENATEN Antoine, place de la Voirie.
25	MORAND Jean, place Sainte-Anne, 8.
26	GRAND Jean, place des Promenades.
27	THOMASSERY Benoit, rue Mulsant, 108.
29	RECORBET Claude-Marie, à Thizy (Rhône).
31	MASSARD François, rue Berchoux.
38	MARTIN Pierre, rue Gambetta.
40	OBLETTE Etienne, rue des Moulins, 46.
45	MILLET Benoit, rue Saint-André.
46	LACOUR Victor, rue Beaulieu.
49	CÉRON François, rue de la Bascule.
50	MICHAUD Pierre, place du Marché.
53	COIFFET André, rue Saint-Jean, 73.

54	MERLIN Claude, rue de Paris.
58	DÉMICHEL Antoine, rue de Clermont.
60	GENETTE Pierre, rue Mulsant.
63	MEYER Adam, rue Saint-Clair, 81.
66	BECOUSE Gilbert, rue de la Berge, 9.
67	TATOUD Jean, rue du Collège, 22.
68	MASSARD Pierre, rue de la Farge.
77	JACQUET Claude, rue Mably.
81	BONNEFOND Louis, rue Mulsant.
85	LAMOTHE Michel, rue Saint-Jean, 16.
91	PETITBOUT Claude, au Coteau.
94	ROCHE Pierre, rue Arago, 35.
98	ROCHE Charles, rue Saint-Alban, 40.
110	BONNET Jean-Joseph, au Coteau.
113	ROCHE Antoine, rue Mulsant, 8.
114	DENIS Antoine, rue de Paris, 107.
115	PION Claude, rue de la Loire, 24.
117	DUMAS Pierre, rue Bayard, 18.
122	GAY Benoit, rue Marceau, 28.
123	VERGIAT Claude, rue de la Sous-Préfecture, 22.
124	GIRARD Victor, rue de la Loire.
125	CARTERON Jean-Marie, au Coteau.
127	PORTAILLER Antoine, rue Madeleine.
128	CHOLLET André, rue Saint-André.
129	LOMBEREAU Antoine, place Sainte-Anne.
135	PELOUX Charles, rue des Thermes-Romains, 15.
136	MONTET Benoit, rue Cotton, 30.
141	GLATIGNY Constant, rue Nationale, 106.
143	GEOFFRAY Benoit, rue Mulsant, 94.
144	DUBOST Claude, rue Raspail, 2.
147	BUFFARD François, rue Arago, 29.
148	CHAMPROMIS Jean, rue de Paris, 107.
149	BAULINAT Claude, rue Traversière, 24.
151	AUCOURT François, au Coteau.
159	CHAMPROMIS Louis, rue Nationale,
160	GANCHET Jean, rue Sainte-Elisabeth.
163	PAULETTE Denis, rue Bravard, 22,

164	PARENT Etienne, rue du Moulin-Gilbert.
170	DAVID Jean-Claude, rue Mably.
172	GARDE Joseph, rue des Tanneries.
174	COUPAT Antoine, rue Mably.
176	DUMAS Antoine, rue Saint-Antoine.
180	DELILLE-BELLET Félix, au Coteau.
182	TROCHARD Martin, rue Sainte-Elisabeth, 69.
183	BARDIN Claude, rue Saint-Jean, 21.
185	MUGUET Auguste, rue de Clermont, 73.
186	ROULLET Joseph, rue de Paris, 107.
188	BARBIER Alexandre, rue des Cerisiers, 28.
189	GAUTHIER Claude, place des Promenades.
192	BENNETIÈRE Claude, rue Marengo.
194	MARILLIER Claude, place des Promenades.
196	ROBERT François, rue du Phénix, 1.
199	SAUTET Jean, rue Poisson.
201	CHORAINE Mathieu, rue Saint-Clair.
202	DARMET François, rue du Rivage.
205	TÊTE François, rue Gambetta.
206	HEYLAND Claude, quai de la Loire.
208	BRANDON Jean, au Coteau.
209	FOIVART Jean-Marie, au Coteau.
211	DEBIESSE Claude, rue de l'Entrepôt.
212	LAVEST Julien, boulevard de la Livatte.
215	ROBERT Pierre-Marie, au Coteau.
216	BRAGARD Grégoire, rue du Rivage.
219	BRUN Claudius, rue Sainte-Elisabeth, 84.
224	BERAUD Baptiste, rue de la Couronne.
226	NARBOUT Louis, quai du Bassin.
227	DURANTET Pierre, rue Fontalon.
229	COLOMBAT Alexandre, rue Nationale.
230	CHAVRON Jean, rue de l'Entrepôt, 85.
231	PARDON Philippe, rue Cotton, 38.
232	AUDARD François, rue Paul-Bert, 22.
234	BARBAY Antoine, rue Poisson.
235	PERRIN Etienne, rue de Clermont.
236	GERBAY François, boulevard du Midi.

240	AUDIAT Benoît, au Coteau.
241	MERLE Louis place du Marché.
242	CHAMBOST Hyppolite, rue Saint-Alban, 74.
244	LABOURET Claude, rue Fontalon, 19.
245	RIVET Antoine, au Coteau.
246	CABATON François, rue Mulsant, 45.
247	MARCEL Claude, rue Mulsant, 22.
248	DAVID François, rue de l'Entrepôt.
249	BARGE Jean, rue de la Berge, 14.
250	LAFAY Pierre, quai du Béal, 8.
251	GOYET Antoine, rue Brison.
252	FERRÉOL Jean-Baptiste, rue du Rivage, 12.
253	BARRIER Claude, quai du Bassin.
254	COMTE Jean-Baptiste, place de la Voirie, 5.
255	MOREL Claude-Marie, rue Mulsant, 101.
256	BONNET Claude, rue du Collège, 29.
257	GARON Joseph, rue de Paris.
258	PARDON Benoît, au Coteau.
259	POTIN Claude, au Coteau.
260	VACHEZ Claude, rue Fontalon.
261	DEPET Antoine, rue Saint-Clair, 17.
262	POUDE Claude, rue Mulsant, 16.
263	VADON Honoré, rue d'Urfé, 12.
264	RÉBÉ François, rue Mulsant, 134.
265	PILON Claude, rue de la Berge, 43.
266	TACHON Louis, rue Bel-Air, 8.
267	LAPILLONNE Joachim, rue Poisson, 11.

HISTORIQUE DE LA SOCIÉTÉ

L'an mil huit cent quatre-vingt-sept, le vingt juillet, quelques amis, tous anciens soldats ayant fait la campagne contre l'Allemagne en 1870–71, étaient réunis chez M. Lapillonne, café, place Saint-Étienne. Après une longue causerie, dans laquelle furent évoqués les souvenirs de l'année terrible, il fut décidé, sur la proposition de M. Berthier, employé au P.-L.-M., qu'on étudierait l'organisation à Roanne d'une société d'amis, anciens combattants de 1870-71.

A cette réunion étaient présents : MM. Berthier, employé au P.-L.-M. ; Jotillon, avocat ; Merlin, cafetier ; Jouhannet, négociant ; Lachaise, tisseur ; Lacour, cafetier.

Le but de la Société était de resserrer entre les anciens soldats les liens de camaraderie, et de garder plus vivant le culte des souvenirs et des espoirs patriotiques ; il était aussi entendu qu'on s'aiderait fraternellement et mutuellement suivant les besoins des sociétaires et les ressources de la Société.

Un appel fut adressé à tous les soldats de Roanne et de l'arrondissement qui avaient fait la campagne. Une première réunion eut lieu chez M. Martin, hôtel, place du Château ; trente combattants répondirent à la première convocation.

Dans cette réunion, un Comité fut nommé pour établir les statuts de la Société et pour convoquer une assemblée générale le dimanche suivant. Ce Comité était composé de MM. Jotillon, avocat ; Berthier, Brunet-Larue, maître charpentier ; Peloux, tisseur ; Lachaise, tisseur ; Péricart, café ; Lacour, café.

Le dimanche 7 août eut lieu l'assemblée générale ; soixante combattants étaient présents. L'assemblée nomma M. Jotillon, avocat, président ; mais, pour des raisons personnelles, M. Jotillon refusa la présidence de la Société. M. Berthier fut nommé en son remplacement ; M. Jouhannet fut désigné comme vice-président, M. Franc comme secrétaire, M. Longefay, comme trésorier, M. Merlin comme trésorier-adjoint. Furent nommés membres du conseil d'administration MM. Benaten, Martin, Grand, Péricart, Peloux. L'assemblée adopta les statuts présentés par le Comité sans aucune modification, et il fut décidé que la Société prendrait la dénomination de « **Union fraternelle et patriotique des Combattants de 1870-71** ».

Six mois après, la Société comptait plus de cent membres participants et vingt membres honoraires.

Le 10 août 1888 eut lieu la première fête banquet de la Société; à cette fête plusieurs sociétaires proposèrent d'élever à Roanne un monument commémoratif en souvenir de nos frères d'armes morts pour la patrie en 1870-71. Cette proposition fut adoptée à l'unanimité. Une Commission fut nommée pour organiser, dans Roanne et l'arrondissement, une souscription publique à l'effet de recueillir la somme nécessaire à l'érection du monument. Cette Commission, qui était sous le patronage de la Municipalité et de la Société, était composée de MM. Auboyer, maire de la ville de Roanne, président d'honneur ; Tatoud, négociant, président ; Longefay, propriétaire, trésorier; Benaten, maître d'hôtel; Céron, peintre-plâtrier ; Martin, maître d'hôtel; Audard, cafetier. Un appel, rédigé par cette Commission, fut envoyé à toutes les mairies de l'arrondissement avec des listes de souscription. De généreux donateurs : sénateurs, députés, négociants, industriels, propriétaires, comprenant la pensée patriotique de notre entreprise, aidèrent la Société. Les journaux de Roanne firent une propagande active. Enfin, nos concitoyens, par leur concours et leurs souscriptions, contribuèrent principalement à la réussite de notre œuvre.

Il fut adressé aux artistes sculpteurs, originaires du Roannais, une invitation pressante ; la Société les engageait à concourir pour l'érection du monument projeté et à présenter des projets dignes de la pensée qui nous avait inspirés. M. E. Girardin, sculpteur, né à Saint-Vincent-de-Boisset (Loire), demeurant à Paris, fut désigné pour exécuter l'œuvre du projet présenté, et l'entreprise du monument fut confiée à M. Michaud, architecte, pour le prix de 20.000 francs.

La place Saint-Etienne fut choisie comme étant la mieux située pour recevoir le monument.

Le 1er janvier 1893, les souscriptions ayant atteint la somme de 19.000 francs, il fut décidé que l'inauguration du monument aurait lieu le 14 juillet de la même année. Un Comité, sous la présidence d'honneur de M. Puy, maire de la ville de Roanne ; de MM. Brossard, sénateur ; Audiffred, député ; Joly, sous-préfet, et la Commission du monument de la Société organisèrent les fêtes de l'inauguration. Rappelons, comme mémoire, le programme de la fête :

14 juillet 1893, à six heures et demie du matin, réunion de la Société place de l'Hôtel-de-Ville ; formation du cortège comprenant la municipalité, les invités, les délégations des communes de l'arrondissement, les membres honoraires de la Société et la Société. A six heures trois quarts, départ du cortège pour se rendre à l'église Saint-Etienne où une messe fut célébrée en mémoire de nos frères d'armes morts pour la patrie en 1870-71. A huit heures et demie, revue de la Société par la Municipalité, place des Promenades. A onze heures, inauguration du monument

commémoratif des combattants de 1870-71, avec le concours de toutes les autorités civiles et militaires et de toutes les sociétés musicales et autres de la ville de Roanne. A deux heures, un grand banquet patriotique, sous la présidence de M. Brossard, sénateur, réunissait deux cents invités ou sociétaires. A l'issue de ce banquet, chacun s'est retiré conservant un impérissable souvenir de cette patriotique manifestation.

Le 1er novembre 1893, le conseil d'administration de la Société étant réuni sous la présidence de M. Jouhannet, président, M. Comte, distillateur, secrétaire de la Société, proposa à l'administration que, notre Société étant appelée un jour à s'éteindre, il serait établi, afin de perpétuer son souvenir, un registre matricule, **LIVRE D'OR DE LA SOCIÉTÉ**, où tous les sociétaires seraient inscrits par numéro d'ordre et rang d'ancienneté, avec leurs états de services.

Ce Livre d'Or, dont les soins ont été confiés à M. Comte, secrétaire, sera précieusement conservé aux archives de la Société.

Le Président,   *Le Secrétaire,*

JOUHANNET.   **COMTE.**

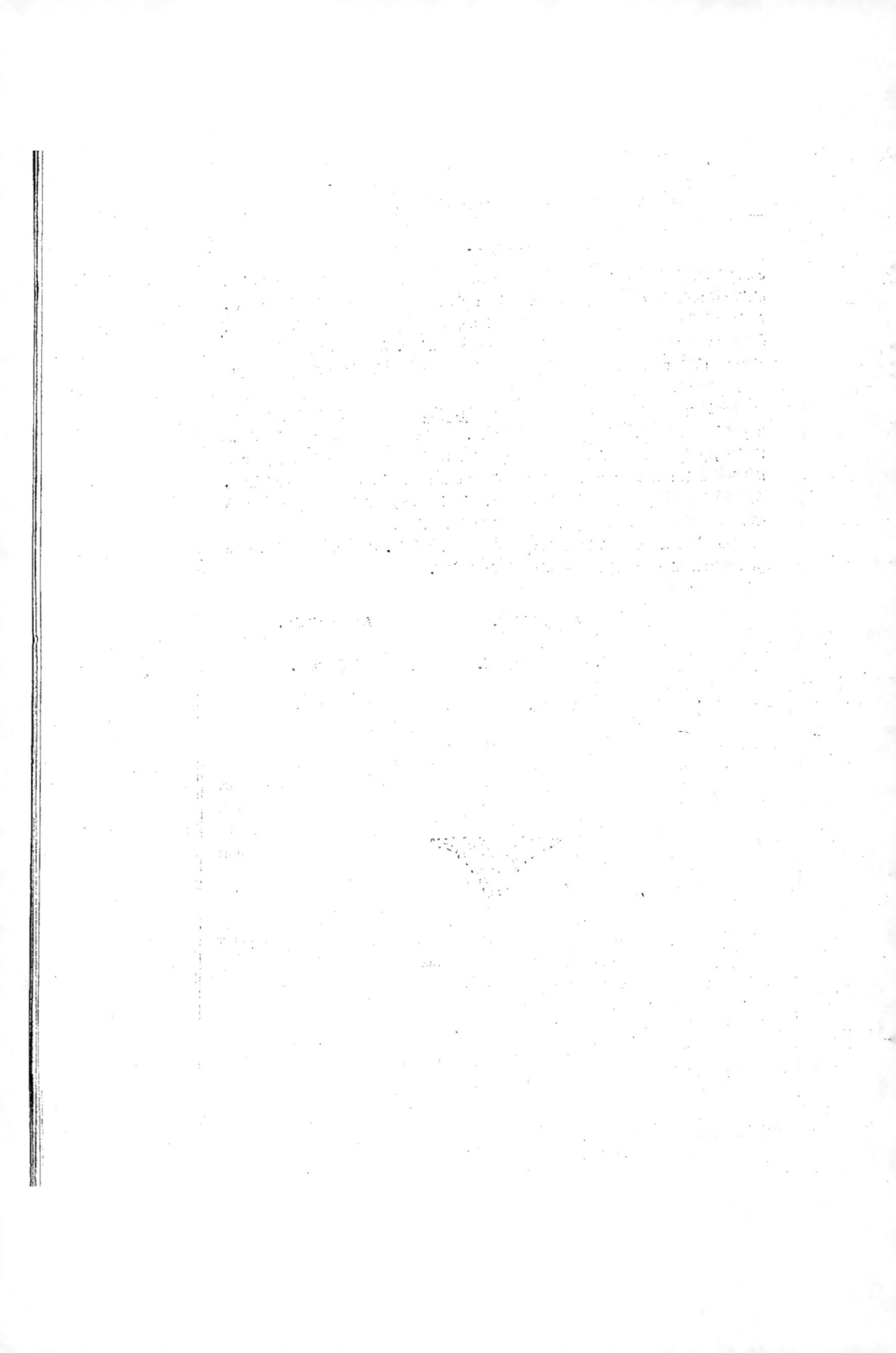

NOMS DES ROANNAIS MORTS EN 1870-71

Roanne.

DÉCHAVANNE Cl., Beaune-la-Rolande.
TURGE Jean-Benoît, Strasbourg.
POUILLOUX Antoine, Alger.
BARDON Prosper, Digne.
GIRAUD Philibert, Montpellier.
BOLINA Laurent-Antoine, Strasbourg.
RESSORT Th., île de Gorée (Sénégal).
BRUGNEAU, Saint-Germain-en-Laye.
GINET Claude, Orléans.
AUBRAY Jean, Oued-Sahel (Afrique).
CHATELUS Benoît, Floing (Ardennes).
BRUSSET J.-M.-R., Saïda (Afrique).
GRAPPELOUP Marie-Claude, le Mans.
BÉJAUD François, Batilly.
RIVIER Etienne-Marie, Besançon.
RAVAUD André, Paris.
DUMAS, Châteaurenault.
CHATRE Jean-Marie, Saint-Etienne.
LAVAGUE Jean, Lons-le-Saulnier.
PRÊLE Benoît, Héricourt.
RAFFIN Alexis, Besançon.
CHERBUT Barthélemy, Saint-Claude.
BIERCE Jules, Guéret.
MULLER Charles, Angers.
DETOUR Vincent, Versailles.
COGNARD Joseph, Grenoble.
GIRAUD Antoine, Cherbourg.
MARCHIZET C.-C., Ichériden (Afrique).
GUINET Antoine, Sedan.
DÉCHAVANNE J.-M.-B., Châteauroux.
BÉRAUD Jean-Joseph, Etampes.
MATRAY Jean, Neisse.

Ambierle

CHANTEMERLE François, Coulmiers.
ALLIER Antoine, Metz.

Amions.

BOICHON François, Fontainebleau.
FOREST François.

Belmont.

BEZACIER Arthur.-A., Saint-Pons.
FOUILLAND Augustin, Besançon.
BOTTON Vincent.
AUGAY Jean-Marie, Strasbourg.
BUISSON Antoine.
MATRAY Benoît.
MINOT Claude-Marie, Valence.

Bénisson-Dieu.

AUCLAIR Pierre, Toulouse.
AUDOINE Jacques, Beaune-la-Rolande.
BROSSARD J.-P., Beaune-la-Rolande.
FRÉCHET Antoine, Beaune-la-Rolande.
GERIN Charles-Marie, prisonnier, mort
à Gros-Glaco (Silésie).

Briennon.

BARNET François-Grégoire, prisonnier
GUILLOT Claude, Gravelotte.
DÉROZIER Pierre, Besançon.
FOUGÈRE, Lyon.
RIVIÈRE Jacques, Vichy.
PAUPIER Charles, Briennon.
COTE Jean, Sedan.

Changy.

Boiron Claude, Paris.
Besson J.-M. ⎫ prisonnier en
⎩ frères   Silésie.
Besson Phil. ⎭   Lyon.
Colombat Claude, Reischoffen.
Vérot François, Lyon.

Charlieu.

Monteret Gabriel, Metz.
Démurger Antoine, Paris.
Roux Pierre-Marie, Strasbourg.
Dessauge Benoît, Ville-sous-la-Ferté.
Chalumet Pierre, Cendrey (Doubs).
Jacquet Jean-Marie, Saint-Claude.

Cherier.

Roffat Antoine, Guebwiller.
Roffat Pierre-François, Saint-Etienne.

Chirassimont.

Beau Louis, Metz.
Berthelot Louis, Metz.
Ligout Michel, Strasbourg.
Saunier Jean-François, Razonville.

Combre.

Chapand X., prisonnier en Allemagne.
Cherpin Jacques, Saint-Victor-sur-Rhins.
Dumas Jean-Baptiste, Saint-Etienne.
Pothier Claude-Marie, Combre.
Veillon Lazarus.

Commelle-Vernay.

Duret Claude ⎫ Héricourt.
Duret Noël ⎭ frères
Duret Jean, Besançon.

Cordelle.

Dalmais Jean-Claude, Paris.
Putignier Claude, en Suisse.
Patoret Etienne, Dijon.
Rajot Léon, Cherchell (Algérie).
Aucler Elie, Cette.

Coutouvre.

Danière Jean.
Brossard François.
Plenard Pierre-Marie.
Lagoutte Antoine.
Brun Jean-Marie.
Joannet Joseph.
Durillon Jean-Marie.
Denis Eugène.
Cruzille Claude.
Pegon Pierre.
Grosdenis.
Desseaux Jean-Marie.
Grosdenis Alphonse.
Badolle François.
Débathie ⎫ frères.
Débathie ⎭

Ecoche.

Sylvestre Elie, Patay.
Sornin Alphonse, Vaisselle.
Peguet Benoît, Bourges.
Mercier Benoît, Paris.
Troncy Louis, Bordeaux.
Perroux Pierre-Marie, Loudun.
Labrosse Léger, Paris.

Fourneaux.

Duret Jean-Marie, Borny.
Cholleton Jean-Claude, Coulmiers.

Grezolles.

VALLANSANT M., Beaune-la-Rolande.
CHARRIER Augustin.
RONDY Pierre, Paris.
FAUCONNAY Jean, Lyon.

Jarnosse.

CHRISTOPHE Auguste, Dampierre.
CHRISTOPHE Antoine-Marie, Giens.
DUBUIS Jean-Baptiste, Besançon.
FOUILLAND Marie-J., Saint-Etienne.
PRIMPIED Noël-C., Saint-Etienne.
ROUX Jean-Marie, Bourges.

Juré.

DEPERÉ Jean, Sedan.
COAVOUX Claude, Beaune-la-Rolande.
COAVOUX Pierre-Marie, Besançon.
GILBERT Jean-Claude.

Lapacaudière.

BIÉTRON Christophe, le Mans.
DUMONT Philibert.

Lentigny

DEVOURDY Frédéric, Vincennes.
MOISSONNIER Louis, Bourges.

Machézal.

DUPERRAY Michel, Besançon.
DUBESSY Charles, Saint-Etienne.
LAFAY Pierre, Cherbourg.
JUNET Claude.

Maizilly.

BOLLAND Joseph.

Nandax.

DESSERTINE Jean-Marie, Nandax.
DUCLOS Jacques, Suisse.
MEUNIER Jean, Pontarlier.

Neaux

GIVRE Jean, prisonnier en Prusse.
CHABRY, Sedan.

Noailly.

GUILLALOT Jean-Marie, Bourges.
DURANTET Jean-Marie, Bourges.
JOASSON Philippe, Bourges.
MANIGAUD Claude-Marie, Vincennes.
MÉRET Claude.

Parigny

DUFOUR Alexandre, Paris.
DONJON Jean-Marie, Versailles.

Perreux

ROCHE Etienne, Laval.
BOURRIQUAND Jean-Marie, Besançon.
BOIRE André, Dijon.
RESSORT Jacques, Besançon.
GONDRAS L.-M., Beaune-la-Rolande.
SAUTET Pierre-Marie, Besançon.
GUYOUX Pierre, Vannes, près Paris.
RICHARD Claude, Besançon.
FARABET Jean-Marie, Lille.
GAUTHIER Victor, Besançon.
PERROT Mathieu, Gentilly.
PERROT Claude-Marie, Vincennes.
MOTTET Claude, Versailles.
DEVEAUX Claude-Marie, Sedan.

Pouilly-les-Nonains

LACHAUD Cl.-M., Beaune-la-Rolande.
TIXIER Benoît.

Pouilly-sous-Charlieu.

PAUZE Pierre, Amanvillers.
GIRAUD Jean-Baptiste, Gravelotte.
LOMBARD J.-M., Beaune-la-Rolande.
AUBLANC Philibert, Belfort.
MARCHAND Alexandre, Reischoffen.

Pradines

FARGEOT François, Metz.
MILLET Antoine, Orléans.

Régny

JOURLIN Joanny, Besançon.
CHAMBOSSE Jean-Marie.
CHAVANON Claude.
PRAVIEUX Jean-Marie, Paris.

Sail

CHARRIER Jean.
COMBARET Honoré.
MARIDET Numa, Beaune-la-Rolande.
PERRIER Joseph.

Sainte-Agathe-en-Donzy.

CHABAUD, Gallet (environs de Paris).

Saint-Bonnet-des-Quarts.

NOAILLY Jacques, Sedan.

Sainte-Colombe

COUBLE Philibert, Lyon.
CHANELIÈRE Pierre, Metz.
CHANELIÈRE Antoine, Metz.
ARQUILLIÈRE Claude, Sedan.
GIRAUD Jean, Gravelotte.
REY Michel, Reischoffen.
DEVIS Antoine, Belfort.

Saint-Denis-de-Cabane

CHABUET Pierre.
GINET Claude, Artenay.
VARIGA Emile.

Saint-Forgeux-Lespinasse

BERNARD Pierre, Paris.

Saint-Germain-Laval.

LIVET Philibert, Sedan.
MARCOUX Pierre, Saint-Etienne.
GUERRE Alphonse, Vendôme.

Saint-Germain-Lespinasse

BEAUVOIR Antoine, Saint-Privat.
MÉRET J.-M., Beaune-la-Rolande.

Saint-Haon-le-Châtel

MULLER Charles, Angers.
ROCHER Claude, Beaune-la-Rolande.
MONTAT Claude, Metz.
ROBELIN, Jusel-Büderich (Allemagne).
OGER Jacques.

Saint-Haon-le-Vieux

SERVAJEAN Claude, Sedan.
FORESTIER Antoine, Paris.
SÉNETAIRE Jean, aux Pieux (Manche).

Saint-Hilaire

BARNAY Théophile, Metz.
BARRIQUAND Mathieu, Frœschwiller.
BONNET Jean-Marie.

Saint-Julien-d'Oddes

JODARD Antoine, Buzenval.

Saint-Just-en-Chevalet

GOUTORBE Claude, Saint-Privat.
MICHAUD Jean.
JACQUET Augustin, au Bourget.
DIDIER Claude, Châtillon.

Saint-Marcel-d'Urfé

CHATELUS Noël, Champigny.
THINON Pierre, Nantua.

Saint-Nizier-sous-Charlieu

GOYET Philippe, Lyon.
THÉVENET Jean, Autun.
DÉCHAVANNE Antoine, Villedieu.
LARUE Jean-Marie, Echaland (Suisse).
LARUE Léon, Nimes.
TACHER Pierre, Tours.
DEVILLE, Gravelotte.
TOUZET Félix, Suisse.
ROUX Henri, Echaland (Suisse).

Saint-Paul-de-Vézelin

BONNEFOND Joannès, Metz.
PLANET Jean, Chambéry.
PLASSON A.-M., Beaune-la-Rolande.
FARGE Pierre, Saint-Etienne.

Saint-Romain-la-Motte.

PAPILLON Mathieu.
PAUPIER Antoine, Corbeil.
PAIRE Antoine, Paris.
DAUMAS Antoine, Saint-Etienne.
TIXIER, Ladon.

Saint-Rirand.

GARRIVIER Benoît, Angers.

Saint-Victor.

LACOTE Victor, en Prusse.
VÉBRE Benoît, en Prusse.
CHAPON Auguste, Metz.
MESSON Jean-Claude, en Prusse.
BARBERET Alphonse, en Prusse.
SERVOT Jean.
BELUZE Jules, Mâcon.
CHERPIN J., Saint-Victor-sur-Rhins.

Sevelinges.

ALEX Onésime, Gravelotte.
ECHALIER Eugène, Coblentz.
FUSY Louis, Saint-Etienne.
MATRAY Jean-Baptiste, Reischoffen.
SIROT Pierre-Marie, Sedan.

Vendranges.

PRESLE Jacques.

Villemontais.

FORGES Claude, Beaune-la-Rolande.
NÉRON Etienne, Beaune-la-Rolande.
GAY François, Héricourt.

Villers.

CHERBILLOT François, Strasbourg.
TACHET Michel-Claude.
TACHET Michel-Claude.
ALEX Benoît-R., Beaune-la-Rolande.
RÉBÉ Joanny.

Violay.

DARCEY Jean-François, Ladon.
LAFAY Jean-Claude, Borny.
VIGNON Michel, Beaune-la-Rolande.
VALOIS Jean-Fr., Beaune-la-Rolande.
GRANGEARD Pierre-Marie, Beaugency.

Vivans.

DELORME François, Beaune-la-Rolande.

Vougy.

DEVILLE Louis, Tarbes.
VERNAY Guillaume, Lyon.
CARD Jean, Besançon.
DEMONT Hugues, Besançon.
DEMONT Georges, Besançon.
MARTORAY Jean-Louis, Marseille.
DÉAL Etienne, Paris.
DÉAL Benoît, Lyon.
SÈVE Etienne, Hagueneau.
DÉSUSCLADE Henri, Besançon.

STATUTS

TITRE PREMIER

But et formation de la Société.

ARTICLE PREMIER

Il est formé entre les anciens combattants de 1870-1871 de la ville de Roanne, adhérant aux présents statuts, une Société de prévoyance qui prend le nom d'*Union Fraternelle et Patriotique des Combattants de 1870-1871 de la ville de Roanne.*

ARTICLE 2.

Elle a pour but de conserver, parmi ses Membres, les souvenirs patriotiques, de perpétuer entre eux les relations amicales, de venir en aide, dans la mesure de ses ressources, à ceux qui sont dans le besoin, et de leur assurer les autres avantages stipulés au titre IV.

TITRE II

Composition de la Société, conditions d'admission, motifs d'exclusion.

ARTICLE 3.

La Société se compose de deux sortes de Membres :

1° Les Membres participants;

2º Les Membres honoraires.

Les Membres participants sont les combattants qui ont adhéré et qui se conforment aux présents statuts.

Les Membres honoraires sont toutes les personnes qui contribuent, soit par dons, soit par cotisations volontaires, à la prospérité de la Société sans participer à ses avantages.

ARTICLE 4.

Seront admis Membres participants, tous les combattants de 1870-71, de nationalité française, qui, pendant les événements précités, ont contribué à la défense du pays, quel que soit le corps dans lequel ils ont servi.

ARTICLE 5.

Les demandes d'admission sont adressées au Président de la Société, qui les soumet au Conseil d'administration, lequel décide après avoir, s'il y a lieu, appelé l'intéressé pour entendre ses explications.

ARTICLE 6.

L'admission d'un Sociétaire entraîne de plein droit son adhésion aux statuts; le droit au bénéfice des secours n'est acquis qu'après six mois de présence comme Sociétaire.

ARTICLE 7.

Cessent de faire partie de la Société, tous les Membres qui n'ont pas versé leur cotisation depuis un trimestre.

Le Conseil d'administration peut surseoir à l'application de cet article lorsque le Sociétaire prouve que le retard est occasionné par des circonstances indépendantes de sa volonté.

Tout Sociétaire, qui, après un certain temps, à la suite d'une maladie ou d'une infortune quelconque, ne peut opérer ses versements, ne cesse pas pour cela de faire partie de la Société, si le Conseil d'administration, après délibération et sur la demande du Sociétaire, le reconnaît digne d'en faire partie.

ARTICLE 8.

Peuvent être exclus de la Société :

1º Ceux qui volontairement portent préjudice à la Société, soit de fait, soit verbalement.

2º Ceux qui refusent de payer les amendes auxquels ils sont condamnés, conformément au titre VIII, articles 47, 48 et 51.

3º Ceux qui troublent les séances ou réunions de la Société.

4º Ceux dont la conduite est de nature à jeter le discrédit sur la Société et à engendrer le mépris.

L'appréciation des faits appartiendra au Conseil d'administration, qui statue à huis clos.

Aucune de ces exclusions ne peut être prononcée par le Conseil d'administration sans que l'intéressé soit appelé à formuler ses observations. S'il ne comparaît pas, le Conseil passe outre.

Toute radiation ne sera définitive qu'après l'approbation de l'Assemblée générale.

ARTICLE 9.

Seront exclus de droit ceux qui subissent une condamnation infamante.

TITRE III

Obligations des Sociétaires envers la Société.

ARTICLE 10.

Les Sociétaires payent un droit d'admission de 2 francs.

ARTICLE 11.

Les Membres de la Société payent une cotisation mensuelle de 1 franc, sauf les Membres honoraires dont la cotisation annuelle est variable suivant la libéralité du Sociétaire, mais dont le minimum est fixé à dix francs.

ARTICLE 12.

Les cotisations se payent mensuellement et d'avance ; seuls, les Membres honoraires payent annuellement.

ARTICLE 13.

Toutes les sommes versées par les Sociétaires, qu'ils soient démissionnaires ou exclus, restent acquises à la Société.

ARTICLE 14.

Tout Membre participant, qui quittera la Société ou qui en aurait été radié, pourra y rentrer en payant son retard et ses amendes.

TITRE IV.

Obligations de la Société envers ses Membres.

ARTICLE 15.

La Société fait tous ses efforts pour venir en aide, au moyen de ses ressources, à ses Membres nécessiteux.

ARTICLE 16.

Les demandes de secours devront être adressées, par écrit, au Président, revêtues de la signature de deux Membres participants moralement responsables. Le Président soumet, dans le plus court délai, la demande au Conseil d'administration qui statue. Il est aussi du devoir de tout Membre qui a connaissance de la gêne ou des besoins d'un Sociétaire, qui n'ose faire une demande de secours, d'en informer le Conseil d'administration ou son Président.

ARTICLE 17.

Tous les Membres de la Société, devant s'aider les uns les autres, sont tenus d'indiquer au Conseil d'administration les places, emplois et occupations qu'ils connaissent. Un livre spécial destiné à enregistrer les offres et les demandes de places, occupations et emplois divers, qui parviendront au Conseil d'administration est déposé au siège de la Société où tous les Membres peuvent en prendre connaissance.

ARTICLE 18.

Aucun secours n'est dû pour les maladies causées par la débauche, ni pour les blessures reçues dans une rixe lorsqu'il est prouvé que le Sociétaire a été l'agresseur.

TITRE V

Administration.

ARTICLE 19.

La Société est administrée par un Conseil d'administration composé : d'un Président et de deux Vice-Présidents, d'un Secrétaire, d'un Secrétaire-Adjoint, d'un Trésorier, d'un Trésorier-Adjoint et de huit Administrateurs.

De plus, il est créé une Commission de contrôle composée de cinq Membres.

Le Conseil d'administration est élu pour deux ans; il est rééligible.

ARTICLE 20.

Nul ne peut être élu Membre du Conseil d'administration s'il ne jouit de ses droits civils et civiques; tous les Membres du Bureau sont élus en assemblée générale et pris parmi les Membres participants. L'élection du Président aura lieu à six mois d'intervalle de l'élection des autres Membres de l'Administration.

ARTICLE 21.

Le Conseil d'administration a les pouvoirs les plus étendus pour l'administration et la gestion de tout ce qui concerne la Société. Il représente la Société dans tous les actes de la vie civile; il arrête les comptes du Trésorier et dresse les budgets; il prend toutes les mesures que peuvent exiger les intérêts de la Société, le bon emploi des ressources et la prospérité de la Société.

ARTICLE 22.

Le Président est élu au scrutin secret.

Nul n'est proclamé Président s'il n'a pas réuni la majorité absolue des suffrages. Au second tour de scrutin, l'élection a lieu à la majorité relative; dans le cas où il y aurait deux candidats et qu'ils obtiendraient un nombre égal de suffrages, le plus âgé est proclamé président.

ARTICLE 23.

Les deux Vice-Présidents et les autres Membres de l'Administration sont élus au moyen d'un double scrutin de liste, dont l'un pour les deux Vice-Présidents et l'autre pour les autres Membres du Conseil.

ARTICLE 24.

Un Président honoraire pourra être nommé par acclamation en assemblée générale. Dans ce cas, ils sera toujours choisi parmi les Sociétairesqui auront rendu le plus de services à la Société.

ARTICLE 25.

Le Président surveille et assure l'exécution des statuts; il dirige et contrôle tous les actes de l'Administration; il signe les correspondances, les quittances du capital et de ses intérêts; il représente la Société dans tous les actes de vente ou d'achat; il fait aussi, avec l'autorisation du Conseil d'administration, tous les dépôts et retraits de fonds dans les caisses publiques. Aucun retrait de fonds ne peut être fait sans la signature du Président ou de celui qui, en son absence, en remplit les fonctions, de celles du Trésorier et du Secrétaire. Est nulle et non avenue toute décision prise dans une réunion non convoquée par le Président.

ARTICLE 26.

Les Vice-Présidents secondent le Président dans toutes ses fonctions et ils le remplacent en cas d'empêchement.

ARTICLE 27.

Le Secrétaire est chargé de la rédaction des procès-verbaux, de la correspondance, des convocations, de la conservation de toutes les correspondances et des archives. Il tient le registre matricule des Membres de la Société et présente au Bureau les demandes d'admission.

ARTICLE 28.

Le Trésorier fait les recettes et les paiements; il est responsable des sommes en caisse et des titres de la Société; il paie sur mandats visés par le Président et marqués du cachet de la Société; il opère le placement des fonds sur un ordre signé du Président et du Secrétaire indiquant la forme dont le placement ou le déplacement doit être opéré. Il doit, à la première réquisition du Conseil d'administration ou de la Commission de contrôle, justifier des fonds dont il est dépositaire. Le maximum du fonds de caisse est fixé à 100 francs. L'excédent est versé à la Caisse d'épargne, ou dans toute autre caisse publique spécialement désignée par le Conseil d'administration.

ARTICLE 29.

La Commission de contrôle veillera à la stricte exécution des décisions prises en assemblée générale, à la régularité des écritures et des comptes. Elle se réunira lorsqu'elle le jugera convenable.

ARTICLE 30.

Le Président honoraire pourra assister à toutes les réunions du Conseil d'administration, mais il n'aura pas voix délibérative.

ARTICLE 31.

Le Président de la Société préside le Conseil d'administration. En son absence il est remplacé par l'un des Vice-Présidents. Lorsque le Président et les Vice-Présidents sont simultanément absents, le Conseil est présidé par un de ses Membres, choisi par lui.

ARTICLE 32.

Le Conseil d'administration se réunit au siège social aussi souvent que l'intérêt de la Société l'exige. La présence de huit Membres au moins est nécessaire pour la validité de ses décisions, qui sont prises à la majorité des voix. En cas de partage, la voix du Président est prépondérante.

ARTICLE 33.

Les délibérations du Conseil d'administration sont constatées par des procès-verbaux qui sont inscrits sur un registre *ad hoc* tenu au siège de la Société et signé par les Membres qui prennent part à la délibération.

Les copies ou extraits à produire en justice ou ailleurs sont certifiés par le Président de la Société.

ARTICLE 34.

Les Membres du Conseil d'administration ne contractent aucune obligation personnelle; leurs fonctions sont gratuites.

ARTICLE 35.

Un Membre du Conseil qui manque quatre fois de suite aux réunions du Conseil d'administration sans s'être fait excuser est considéré comme démissionnaire de cette fonction.

ARTICLE 36.

Si, pour des raisons imprévues, le Conseil vient à être inférieur aux deux tiers soit dix de ses Membres, il y pourvoit lui-même provisoirement en séance jusqu'à concurrence de ces deux tiers. La première assemblée générale qui suit confirme ou annule l'élection des Membres ainsi nommés et procède à l'élection des autres Membres manquants.

ARTICLE 37.

Chacun des Membres du Conseil d'administration peut, pour cause d'incapacité ou de malversasion, être suspendu par une décision du Conseil, prise en séance par les deux tiers plus un de ses Membres.

En cas de suspension du Président, l'un des Vice-Présidents, désigné par le Conseil, en remplit les fonctions jusqu'à l'assemblée générale prochaine, qui statue sur la révocation de son Président.

TITRE IV

Assemblées générales.

ARTICLE 38.

La Société se réunit en assemblée générale deux fois par an, aux mois de janvier et de juillet, pour entendre les rapports sur sa situation financière et se prononcer sur les questions qui lui sont soumises par l'Administration. La lettre de convocation devra mentionner les questions à l'ordre du jour et devra être adressée aux Sociétaires au moins huit jours à l'avance.

Les Membres honoraires ne sont pas convoqués ; ils peuvent assister à l'assemblée générale, mais n'ont pas voix délibérative.

Elle peut être réunie extraordinairement si le Conseil d'administration en reconnaît l'utilité ou sur la demande d'un tiers des Sociétaires.

ARTICLE 39.

L'assemblée générale est régulièrement constituée lorsque les Membres présents forment le tiers de la totalité des Sociétaires. Si cette condition n'est pas remplie à la première convocation, il en est fait une autre à quinze jours d'intervalle; à cette seconde séance; les Membres délibèrent valablement, quel que soit leur nombre, mais seulement sur l'ordre du jour de l'assemblée générale précédente. Un appel nominal sera fait au commencement de la séance. Tout sociétaire qui ne répondra pas à l'appel encourra une amende de 1 franc.

ARTICLE 40.

Les assemblées générales qui ont à délibérer sur des modifications aux statuts ne délibèrent valablement qu'autant qu'elles sont composées de la moitié plus un de la totalité des Membres titulaires. On agit pour une deuxième convocation comme il est dit à l'article 35.

ARTICLE 41.

L'ordre du jour des assemblées ordinaires et extraordinaires est arrêté par le Conseil d'administration, qui doit aussi y apporter les propositions qui lui sont communiquées, par dix Membres signataires, au moins dix jours avant l'assemblée générale.

ARTICLE 42.

L'assemblée générale peut conférer au Conseil d'administration les pouvoirs nécessaires pour les cas non prévus par les présents statuts.

ARTICLE 43.

Aux assemblées générales, chaque Sociétaire doit porter en évidence les insignes de la Société.

ARTICLE 44.

Les délibérations des assemblées générales sont constatées par des procès-verbaux inscrits sur un registre spécial et signés par le Président et les Membres du Conseil.

TITRE VII

Fonds Social.

ARTICLE 45.

Le Fonds social se compose : 1º du droit d'admission; 2º du produit des cotisations mensuelles des Sociétaires; 3º des cotisations des Membres honoraires ;

4° des amendes disciplinaires; 5° des dons et legs volontaires ; 6° des fonds placés et leurs intérêts; 7° des subventions qui pourront lui être accordées.

ARTICLE 46.

Le capital du Fonds social est placé à la Caisse d'épargne ou en valeurs de toute nature sur l'Etat. Le Trésorier effectue, sous sa responsabilité et sous le contrôle du Conseil d'administration et du Comité de contrôle, toutes les opérations de placement et de déplacement.

TITRE VIII

Discipline

ARTICLE 47.

Tout Sociétaire qui, dans une assemblée générale, prend la parole sans y être autorisé et après un rappel à l'ordre du Président, paie une amende de 25 centimes.

ARTICLE 48.

Tout Sociétaire qui, à moins d'une circonstance indépendante de sa volonté et dont il doit justifier, n'assiste pas à une assemblée générale, paie une amende de 1 franc.

ARTICLE 49.

Les altercations et interpellations sont formellement interdites, ainsi que les discussions politiques ou religieuses.

ARTICLE 50.

Tous les Sociétaires sont convoqués par lettre pour assister aux enterrements de leurs ex-sociétaires ; il ne sera pas admis d'autre excuse que celle résultant de la nécessité d'assister à un autre enterrement dans la même journée. Toutefois, chaque Sociétaire aura le droit de se faire représenter par un parent ou un ami porteur de sa lettre de convocation.

ARTICLE 51.

Le Sociétaire qui n'assiste pas à un enterrement, sans s'y être fait représenter où sans être valablement excusé, paie une amende de 50 centimes ; si l'enterrement a lieu un jour férié, l'amende est portée à un franc.

ARTICLE 52.

Les amendes sont payées avant les cotisations dues. Le Sociétaire qui refuse de payer celles qu'il a encourues cesse de faire partie de la Société, sauf décision contraire du Conseil d'administration, qui aura entendu les explications du Sociétaire.

TITRE IX

ARTICLE 53.

Les insignes de la Société sont un nœud de ruban ponceau avec barre noire orné d'un petit bouton doré.

ARTICLE 54.

Il est créé une fête annuelle anniversaire de la fondation de la Société. Elle consiste en un banquet dont les frais sont payés par la Société. Tous les membres honoraires y seront invités. Ce banquet sera organisé par les soins de huit Commissaires nommés en assemblée générale.

ARTICLE 55.

En raison de la bonne confraternité qui existe entre notre Société et les Sociétés des Combattants de 1870-71, de la ville de Lyon et de la ville de Mâcon, toutes les années pour la fête de la Société il sera fait une invitation à chacune de ces Sociétés pour qu'une délégation de chaque Société assiste à notre fête. De même tous les ans une délégation de la Société assistera à la fête de ces deux Sociétés ; cette délégation sera composée de quatre ou cinq sociétaires au plus ; leurs frais de voyage, aller et retour, seront à la charge de la Société.

TITRE X

ARTICLE 56.

La dissolution de la Société ne pourra être proposée que sur une demande communiquée au Conseil d'administration, un mois avant l'assemblée générale, et signée par au moins un quart des Sociétaires. Quelle que soit la composition de l'assemblée générale appelée à statuer, la majorité nécessaire, pour voter la dissolution de la Société, sera de la moitié plus un des Membres titulaires inscrits.

ARTICLE 57.

Dans le cas de dissolution de la Société, la liquidation est faite par les soins du Conseil d'administration, suivant le mode déterminé par l'assemblée générale.

ARTICLE 58.

L'assemblée générale conserve pour la liquidation amiable ou judiciaire les mêmes attributions que pendant le cours de la Société ; elle a le droit d'approuver les comptes et d'en donner quittance.

ARTICLE 59.

Les derniers survivants, après la liquidation amiable ou judiciaire faite par l'assemblée générale, se partagent les fonds de la Société proportionnellement au temps pendant lequel ils en ont fait partie.

ARTICLE 60.

Les valeurs de la Société sont toujours une propriété collective et ne peuvent jamais être considérées comme la propriété des Sociétaires pris individuellement

ARTICLE 61.

Auront droit au médecin tous les Sociétaires au bout de six mois de leur admission à la Société.

ARTICLE 62.

Les frais d'enterrement d'un Sociétaire sont à la charge de la Société, que l'enterrement soit civil ou religieux, sans distinction de culte.

ARTICLE 63.

Toutes modifications apportées aux présents statuts doivent être approuvées par l'Administration supérieure.

RÈGLEMENT INTÉRIEUR

ARTICLE PREMIER.

Toute admission part du 1er du mois dans lequel elle est prononcée.

ARTICLE 2.

Tout combattant admis comme Sociétaire en est informé par les soins du Conseil d'administration ; il doit payer son droit d'entrée et sa cotisation le 1er jour qui suit son admission.

Sinon, son inscription comme Sociétaire devient nulle et non avenue.

ARTICLE 3.

Tout Sociétaire qui change d'adresse doit en informer le Conseil d'administration.

ARTICLE 4.

Lorsqu'un secours est alloué, le Président en informe par écrit le Sociétaire qui se présente chez le Trésorier pour en recevoir le montant ; il lui en donne quittance et lui remet en outre sa lettre d'avis.

ARTICLE 5.

Le Conseil d'administration se réunit au siège social le quatrième dimanche de chaque mois ; les cotisations y sont en même temps reçues par le Trésorier.

ARTICLE 6.

Les Sociétaires qui assistent aux assemblées générales reçoivent toutes les communications qui peuvent les intéresser. Il leur est donné connaissance de l'état des comptes en l'assemblée de février ; il est fait, au nom du Conseil d'administration, un rapport qui résume les opérations ayant eu lieu dans le courant de l'année. Ce rapport expose le bilan de la Société.

Article 7.

Aucune proposition, émise à l'ouverture d'une assemblée générale, ne pourra prendre place dans la discussion de cette réunion, si elle n'est reconnue d'urgence. L'urgence, mise aux voix pour être prononcée, doit réunir la majorité des suffrages exprimés.

Article 8.

Le Président est chargé de la police des assemblées générales et de toutes les réunions qu'il préside.

Le Secrétaire,   *Le Président,*

COMTE.   **JOUHANNET.**

Nº MATRICULE

Nom .... Prénoms ....

Profession ....

Domicile ....

Né le ....

A ....

Arrondissement .... département ....

Fils de .... et de ....

Date du tirage au sort .... classe 18 ....

Entré à la Société le ....

Fonctions dans la Société ....

ÉTATS DE SERVICES MILITAIRES

Appelé ou engagé volontaire le .... à ....

Désignation des corps ....

Date de la libération ....

Avec le grade ....

BATAILLES OU COMBATS

Actions d'éclat et citations à l'ordre jour ....

Décorations ....

Blessures ....

Prisonnier de guerre en Allemagne du .... 187 ......

au 187

Roanne, le .... 1894.

(SIGNATURE).

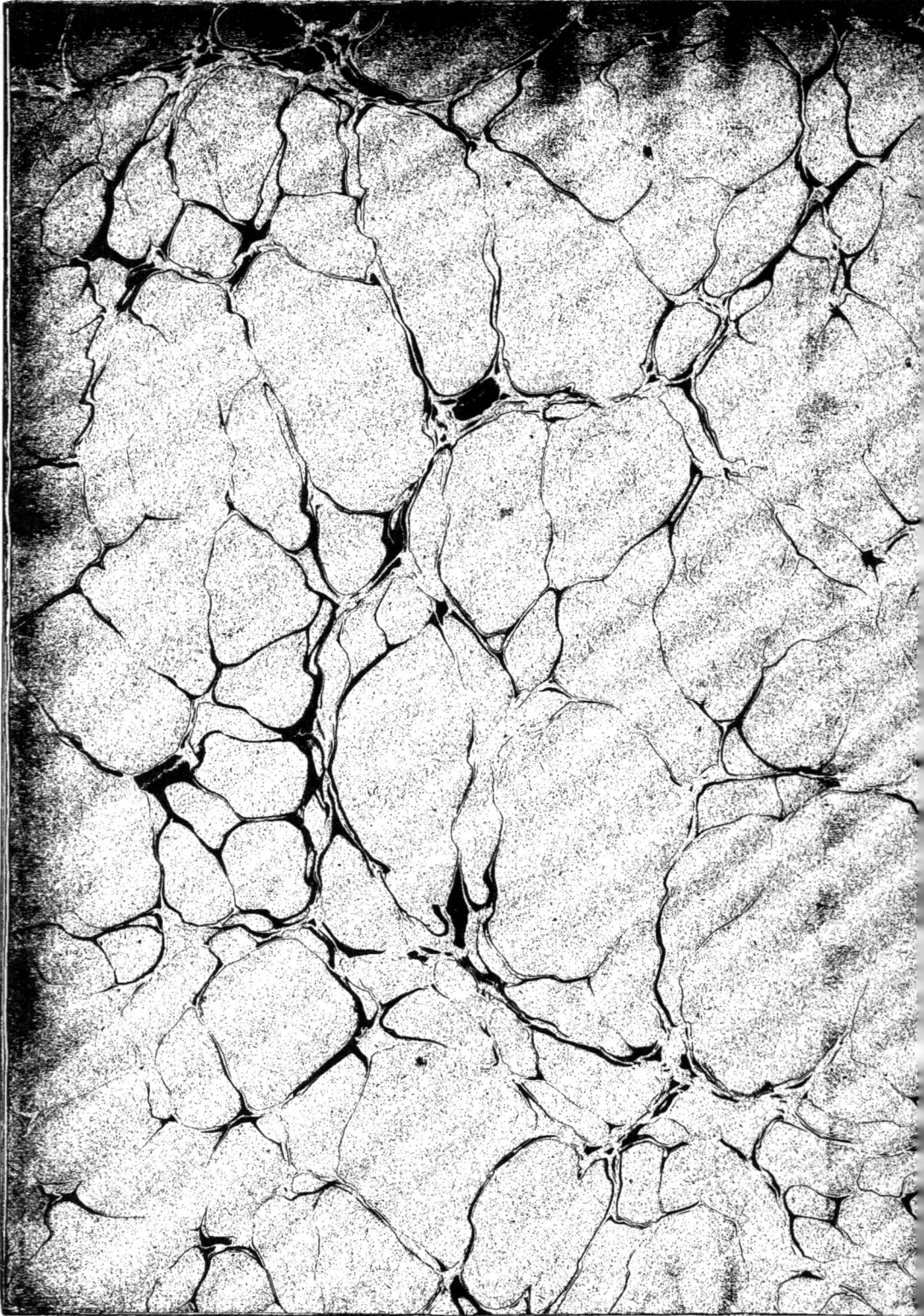

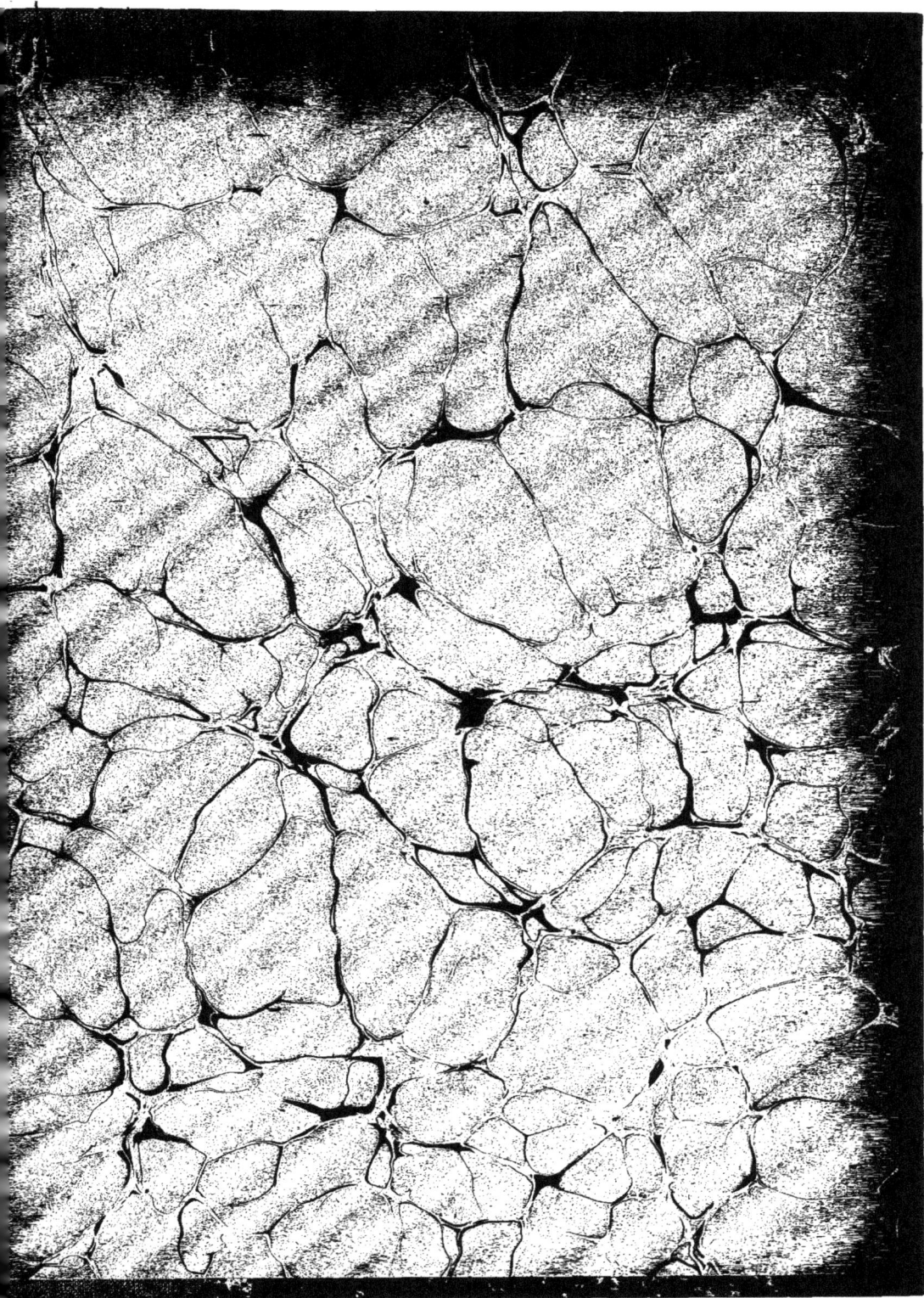